FERRONNERIE D'ART

PORTAILS ET GRILLES DE CLÔTURES
25 modèles

par **André CAPDEFER**
Ferronnier d'Art

Reprint 2011

ÉDITIONS EYROLLES
61, boulevard Saint-Germain – 75005 PARIS

ÉDITIONS EYROLLES
61, bd Saint-Germain
75240 Paris Cedex 05
www.editions-eyrolles.com

Du même auteur :
Ferronnerie d'art
1 Portes d'entrée d'immeubles (24 modèles)
2 Rampes d'escaliers (23 modèles) - reprint 2011
3 Balcons et balustrades (25 modèles)
4 Portes et grilles d'intérieur (25 modèles)
5 Portails et grilles de clôtures (25 modèles) - reprint 2011
6 Lustrerie (25 modèles)
7 Ameublement (25 modèles)

Le code de la propriété intellectuelle du 1er juillet 1992 interdit en effet expressément la photocopie à usage collectif sans autorisation des ayants droit. Or, cette pratique s'est généralisée notamment dans les établissements d'enseignement, provoquant une baisse brutale des achats de livres, au point que la possibilité même pour les auteurs de créer des œuvres nouvelles et de les faire éditer correctement est aujourd'hui menacée.
En application de la loi du 11 mars 1957, il est interdit de reproduire intégralement ou partiellement le présent ouvrage, sur quelque support que ce soit, sans l'autorisation de l'Éditeur ou du Centre Français d'exploitation du droit de copie, 20, rue des Grands Augustins, 75006 Paris.

Cet ouvrage est un reprint du titre : *Ferronnerie d'art /5 : Portails et clôtures, 25 modèles, troisième édition* (1981).
© Groupe Eyrolles, 1977-1981-reprint 2011
Tous droits réservés.
ISBN : 978-2-212-12913-7

CARACTERISTIQUES

La fabrication d'un portail de clôture ne présente généralement pas de difficultés particulières si le niveau du sol intérieur est sensiblement horizontal, mais il n'en est pas de même lorsque ce niveau du sol intérieur est en surélévation par rapport au niveau du sol extérieur, et, de ce fait nécessite une pente quelquefois importante.

Ce cas est assez fréquent et le débattement d'un portail normal étant impossible, on y remédie assez souvent par une obliquité de l'axe d'articulation des gonds ou paumelles, obliquité ayant pour effet d'assurer un relevage du portail au fur et à mesure de son débattement jusqu'à l'ouverture totale (fig. I).

Cette solution du problème présente deux inconvénients : le premier, c'est que ce portail est extrêmement disgracieux en position ouverte, le second, plus important sans doute, c'est que le battant de portail livré à lui-même quand il est ouvert, se rabat automatiquement et dangereusement avec force vers la position fermée en raison de son propre poids. Il est la cause de nombreux accidents notamment chez les enfants. D'autre part, il nécessite la fixation au sol d'arrêtoirs sérieux dans la position ouverte.

On peut obvier à ces inconvénients en adoptant le principe du portail à quatre vantaux tel qu'il est figuré au dessin Réf. 3261. Placé au devant d'un sol incliné, il est d'une manœuvre facile. Il est parfaitement stable en position ouverte et supprime le besoin d'arrêtoirs.

Sa réalisation, telle qu'elle est décrite ci-dessous, est d'une relative simplicité : il est constitué par quatre panneaux de dimensions rigoureusement égales en largeur. Pour une ouverture effective généralement nécessaire de 3 m, on adoptera pour ces panneaux une largeur extérieure de 800 mm.

Un rail de guidage en plat de 25 x 14 (fig. II) sera fixé préalablement et soigneusement peint sur le seuil brut de béton entre les poteaux de soutien dont l'écartement sera déterminé comme indiqué ci-après.

La hauteur H du dessus du rail au dessous des panneaux sera donnée en fonction de l'inclinaison du sol : mesurée comme indiqué (fig. III), cette hauteur H sera au moins égale à x plus 15 à 20 mm.

Les montants de cadres ainsi que leurs articulations sont précisés Pl. II (fig. A.B.C.D.).

L'écartement des poteaux sera déterminé avec précision par l'addition :

1° - Des 4 largeurs de cadres.
2° - Des 2 intervalles donnés par les paumelles utilisées entre les montants B et C.
3° - Des 2 intervalles entre poteaux et montants A suivant réalisation des supports d'articulation (fig. IV).
4° - D'un intervalle médian de 6 mm, jeu nécessaire pour la fixation d'une serrure à crochet, du type METALLUX et absorption des effets de dilatation de l'ensemble.

La longueur du rail, par cet écartement, déterminée, celui-ci sera placé bien horizontalement sur le seuil brut de béton et y sera scellé au moyen de 5 ou 6 tiges (fig. II) réparties sur la longueur. L'enduit de ciment fin qui terminera le seuil aura son épaisseur réglée au moyen du guide (fig. VI).

Enfin, une saignée de 3 cm environ de largeur sera pratiquée sur une partie du sol incliné selon la trajectoire décrite par le montant B.

Ce type de portail est gracieux et pratique. Grâce à ces qualités, il peut être avantageusement adopté même dans les cas où le portail normal serait possible.

Quant aux portails à 2 vantaux du type normal, ils pourront être exécutés avec armatures en tube rond, et dans ce cas articulés avec crapaudines à la base et bagues réglables en haut (fig. V). Exécutés en tube carré ou rectangulaire, ils seront articulés avec gonds ou paumelles, mais dans les deux cas il est recommandable d'assurer une condamnation du verrou vertical du battant dormant, par la fermeture du battant mobile (fig. VII). Cette précaution est indispensable pour éviter qu'on ne soit tenté d'ouvrir à la fois les deux vantaux par la seule libération du verrou vertical : opération qui entraîne fatalement la dégradation de la serrure.

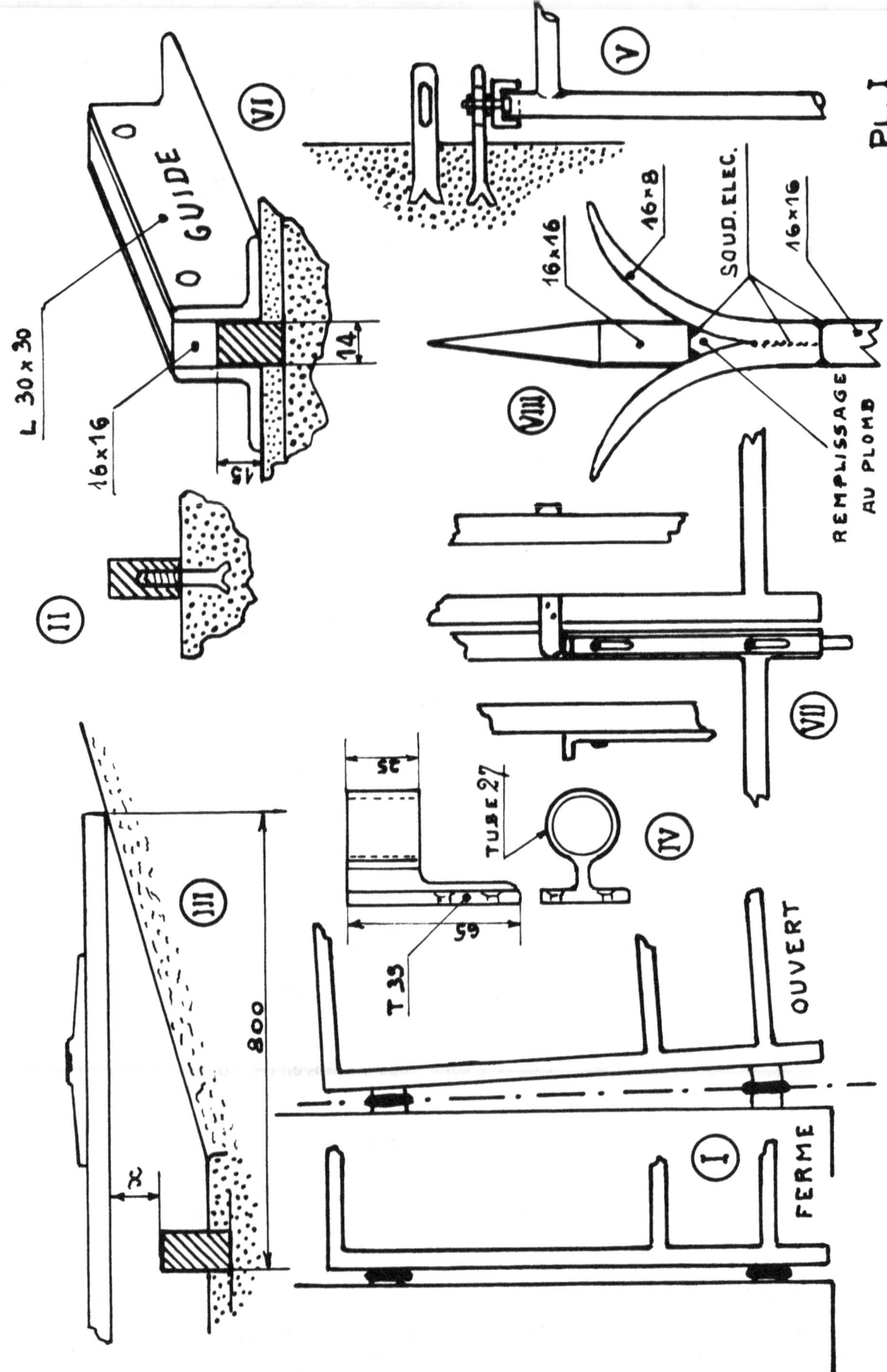

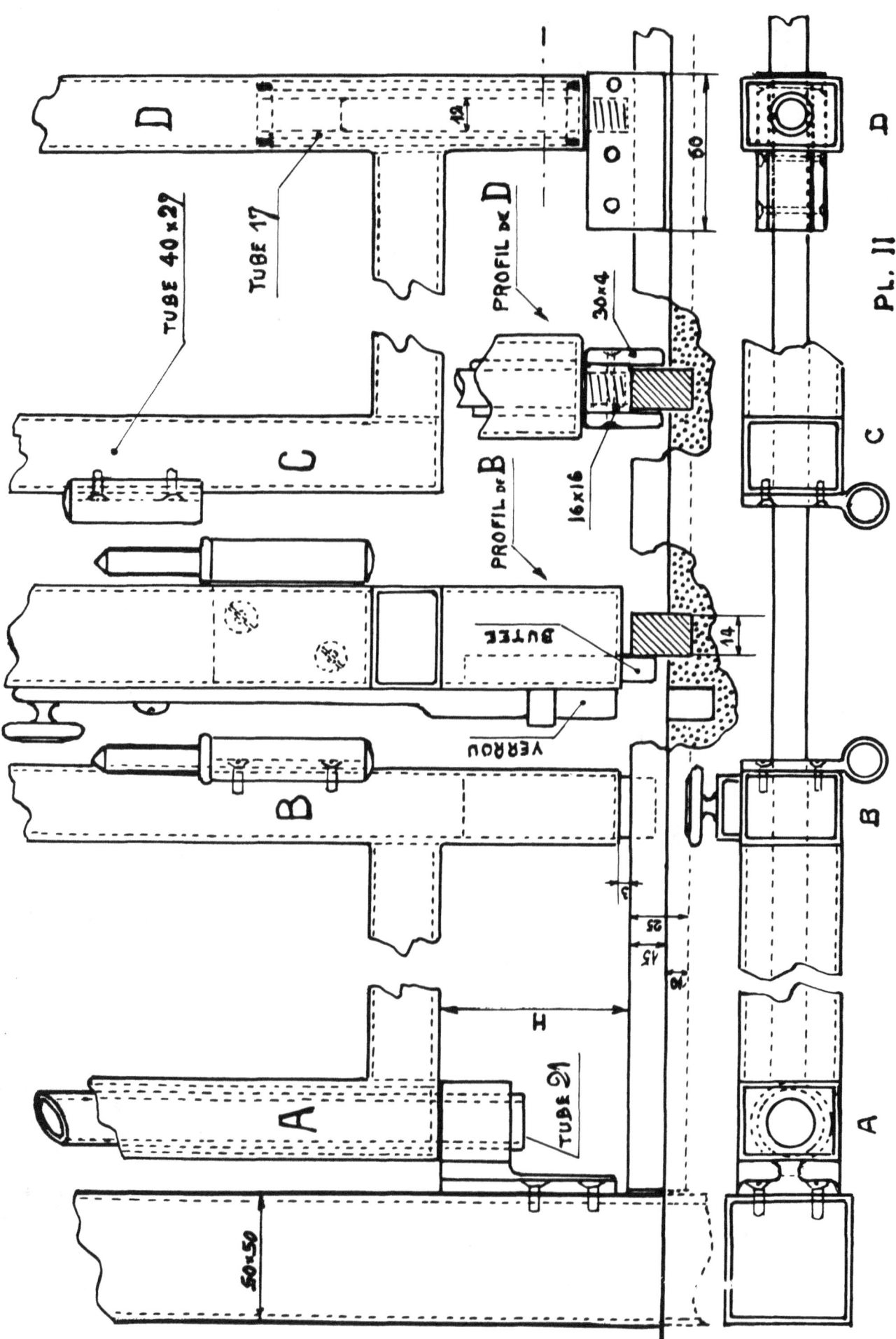

PORTAIL A 4 VANTAUX
Entre poteaux en tube carré de 50 scellés au sol

Armatures en tube rectangulaire de 40 x 27 x 2.

Barreaudage en carré de 12, extrémités goujonnées, barreaux montés dans perçages avant soudure des traverses.

Remplissage décoratif en plat de 16 x 6, assemblages vissés.

Le montant A est fourré dans toute sa longueur par un tube 15 x 21 dont les extrémités dépassant d'environ 30 mm, serviront de tourillons d'articulation.

Le montant D est également fourré par un tube de 12 x 17 de 300 mm environ qui servira de bague d'articulation du guide.
Voir détails de montage et de fonctionnement aux caractéristiques de cet ouvrage.

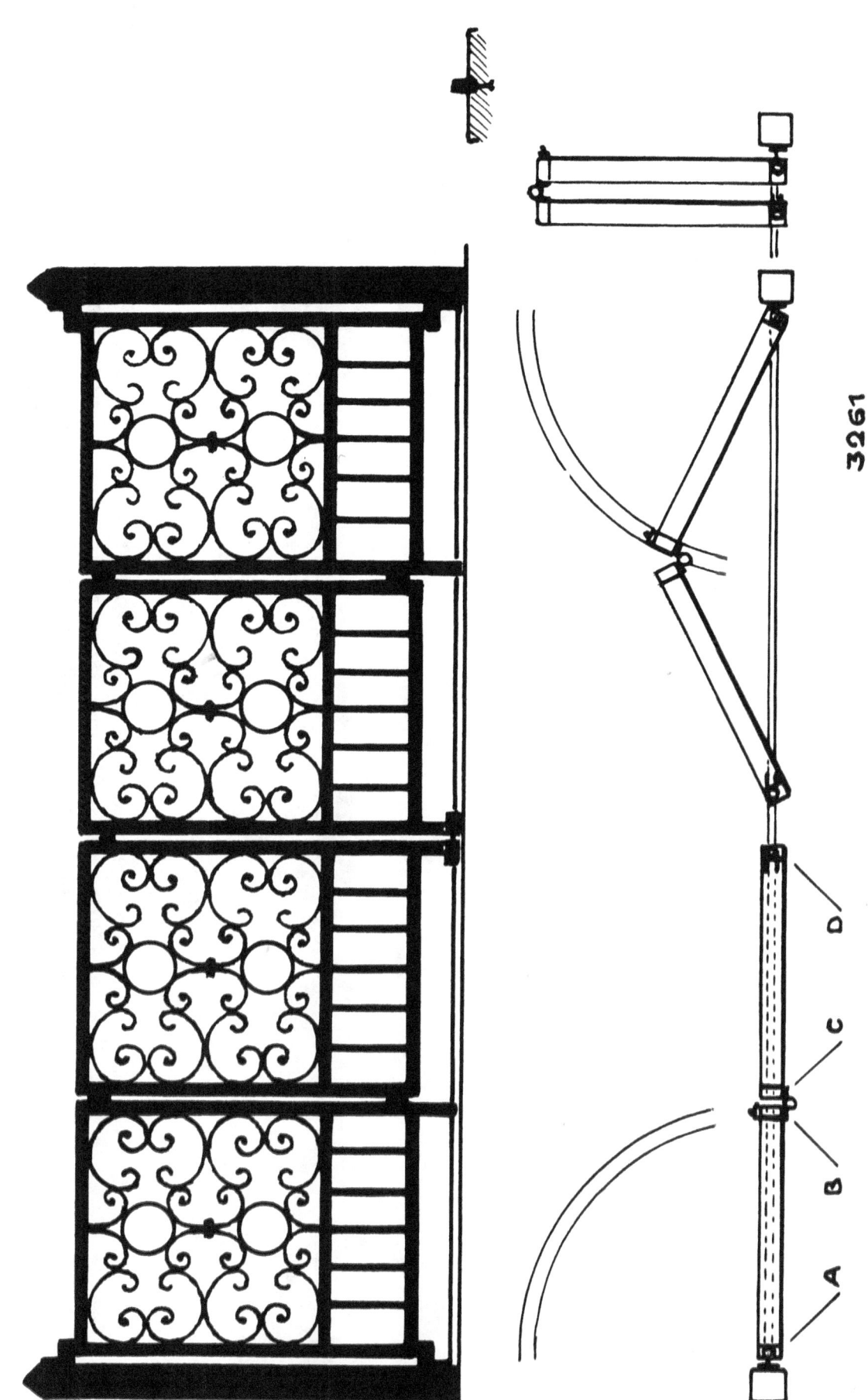

PORTAIL A 2 VANTAUX
Articulés sur piles ferronnerie de section carrée

Ces piles sont constituées chacune par 3 cadres carrés en cornière 30 x 30, cadres de 300 mm de côté qui serviront à l'assemblage des 4 montants, eux-mêmes en cornière 30 x 30, cintrées à leur partie supérieure où ils se rejoindront soudés.

Un collier agrémentera cette jonction et sera surmonté par 4 fers en 30 x 6 forgés en pointes.

Les cadres intérieurs carrés seront tôlés ajourés et la partie centrale traversée par un fer carré de 16, appointé à sa partie supérieure et agrémenté sur sa longueur et sur 2 faces par des plats formés en 16 x 8 avec colliers.

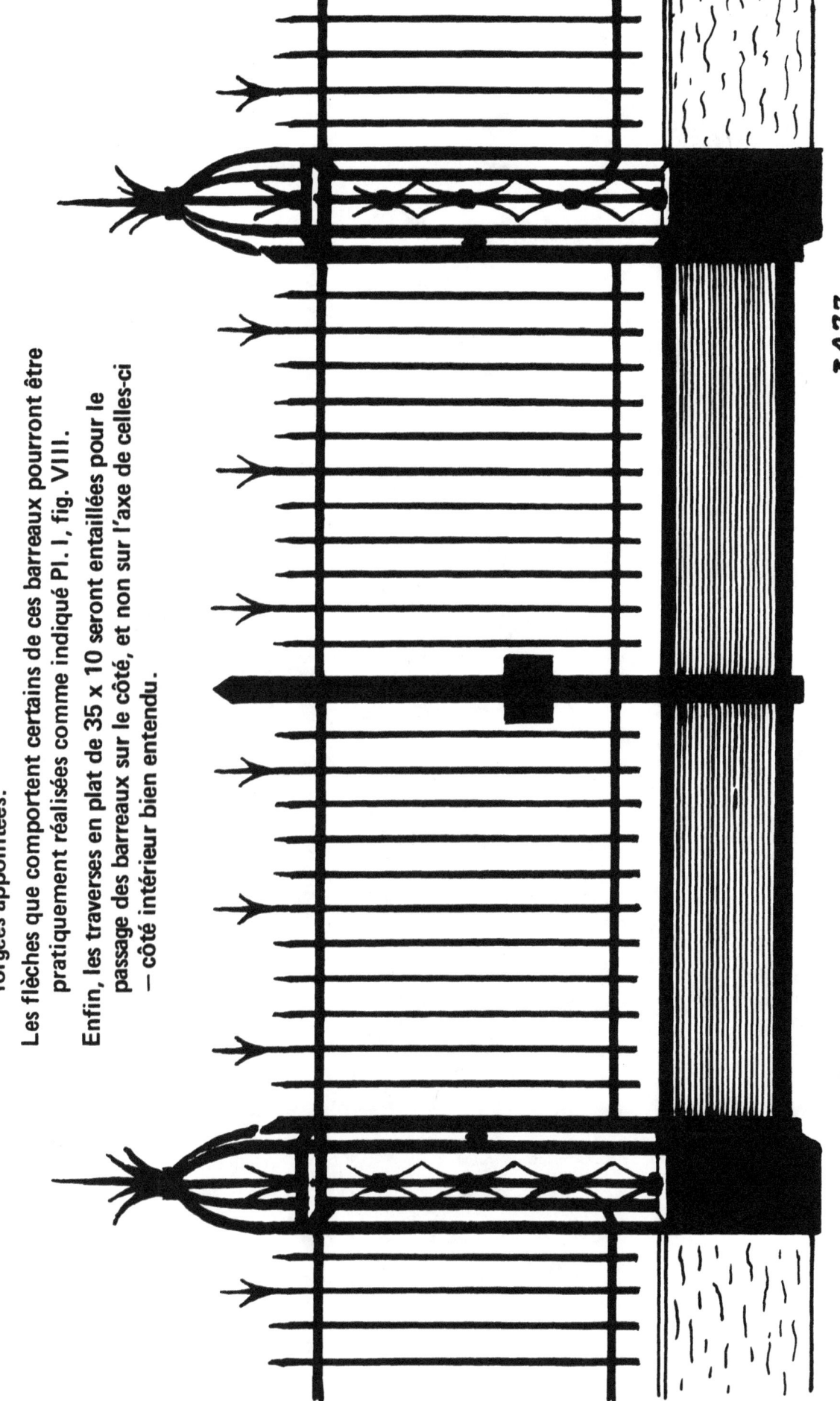

Les soubassements seront tôlés en 20/10. Ceux du portail seront également tôlés en 20 x 10 par cadres intérieurs en cornière de 25.

Le barreaudage sera réalisé en carré plein de 16, extrémités supérieures forgées appointées.

Les flèches que comportent certains de ces barreaux pourront être pratiquement réalisées comme indiqué Pl. I, fig. VIII.

Enfin, les traverses en plat de 35 x 10 seront entaillées pour le passage des barreaux sur le côté, et non sur l'axe de celles-ci — côté intérieur bien entendu.

PORTAIL A 2 VANTAUX

Ce portail particulièrement ouvragé peut être réalisé avec une armature en tube carré de 35 x 35 x 2 ou rectangulaire de 40 x 27 x 2.

Son remplissage décoratif est constitué par des volutes forgées appointées et des cercles en 16 x 6 ou 14 x 6, assemblés par vis ou par soudures.

Les volutes frontales sont en plat de 20 x 6.

PORTAIL A 2 VANTAUX
Entre piles maçonnées

Armatures en tube serrurier rond de 45 mm.
Soubassements en tôle 20/10 fixée par points soudés électriquement.
Cadres intérieurs en plat 20 x 10 avec croisillonnement en 16 x 8.
Motifs en 16 x 4 avec colliers en demi-rond de 16.
Fixation des cadres sur armatures par barrettes en 20 x 8 soudées.

PORTAIL A 2 VANTAUX
Entre piles maçonnées

Armatures en tube carré de 35, articulées sur gonds.

Soubassements en tôle 20/10 fixés sur armatures par interposition d'anneaux tronçonnés à 20 en tube de 33 x 42 ou formés en plat de 20 x 4.

Cadres supérieurs en plat de 20 x 10 également fixés sur armatures par anneaux.

Toutes les volutes sont identiques et sont forgées appointées en plat de 16 x 6.

GRAND PORTAIL A 2 VANTAUX

Ce portail monté entre piles maçonnées a une armature qui, suivant l'importance, peut être réalisée en tube rectangulaire de 40 x 27 x 2, carré 35 x 35 x 2 ou 40 x 40 x 2.

La partie supérieure cintrée s'obtient en utilisant du fer U de 40 x 20 ou 35 x 17 refermé par un plat 40 x 6 ou 35 x 4 soudé par points.

Le barreaudage en carré plein de 20 ajusté par moitié contiendra les volutes principales forgées en carré de 16, les volutes centrales supérieures en plat de 16 x 8.

Les cercles et petites volutes d'entourage seront forgées en 16 x 6.

Chaque demi fronton fixé sur l'extérieur de l'armature sera en 25 x 8 ou 25 x 10.

Soubassements en tôle de 2 extérieurement bordés d'un plat de 30 x 5 et fixés par interposition de bagues tronçonnées dans du tube rond de 40 x 49.

PORTAIL A 2 VANTAUX
Entre piles maçonnées

Armatures en tube carré de 35, articulées sur gonds.

Cadres intérieurs en plat 20 x 10 assemblés sur armatures par interposition d'anneaux roulés en 20 x 4 ou tronçonnés dans du tube de 40 x 49.

Barreaudage vertical en 20 x 8.

Volutes à noyaux forgés en 16 x 8.

PORTAIL A 2 VANTAUX
Entre piles maçonnées

Armatures en tube serrurier rond de 45 mm.

Soubassements en tôle 20/10 fixée par points soudés électriquement.

Cadres intérieurs en plat de 20 x 10 fixés sur armatures par barrettes en plat de 20 x 8.

Volutes à noyaux forgés en 16 x 8.

2905

PORTAIL ET GRILLE DE CLOTURE

Les armatures de portail et de grilles sont en tube rectangulaire de 40 x 27 x 2.

Le remplissage décoratif est en 16 x 8.

Les soubassements de portail sont en tôle de 2 fixée sur armature par cadre intérieur en cornière de 20 x 20.

A l'extérieur, un cadre en plat de 30 x 6 agrémente cette tôle et en augmente la rigidité.

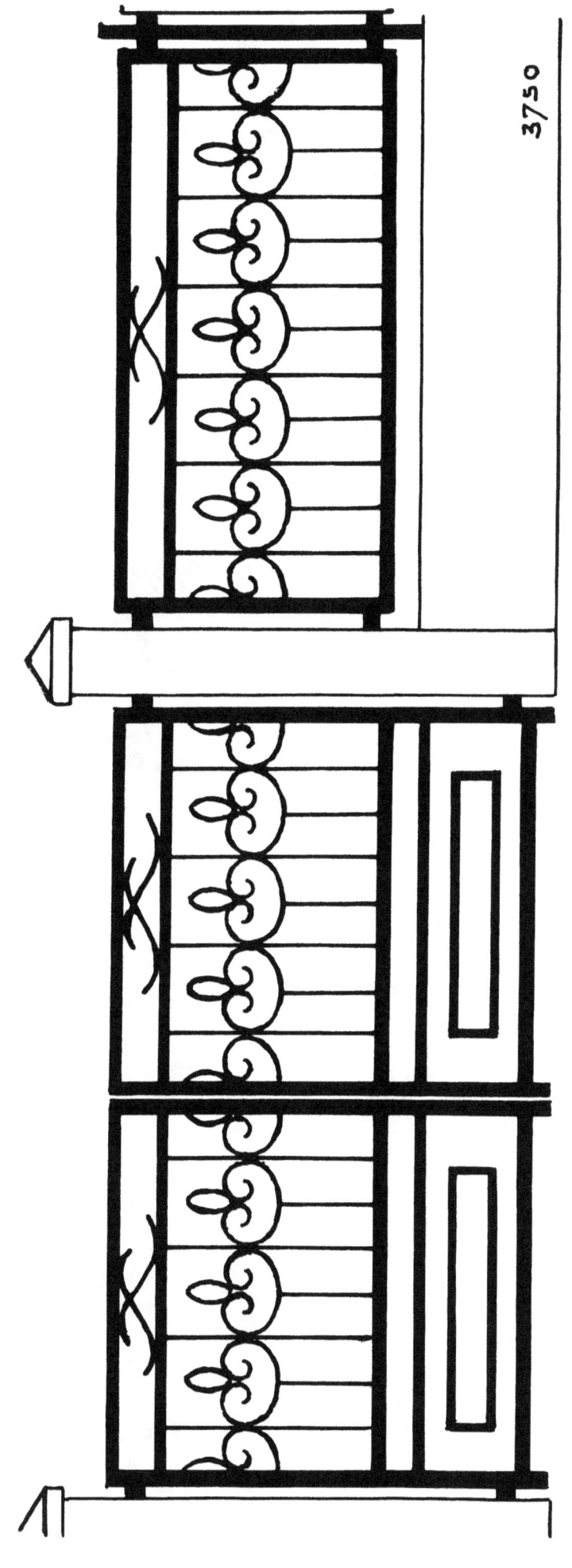

PORTAIL A 2 VANTAUX

Armatures en tube carré 40 x 40 x 2.

Éléments décoratifs en plat de 16 x 8 soudés sur bagues tronçonnées en tube de 26 x 34, elles-mêmes soudées sur armatures.

Soubassement en tôle de 2 fixé par interposition de bagues en tube 26 x 34 soudées.

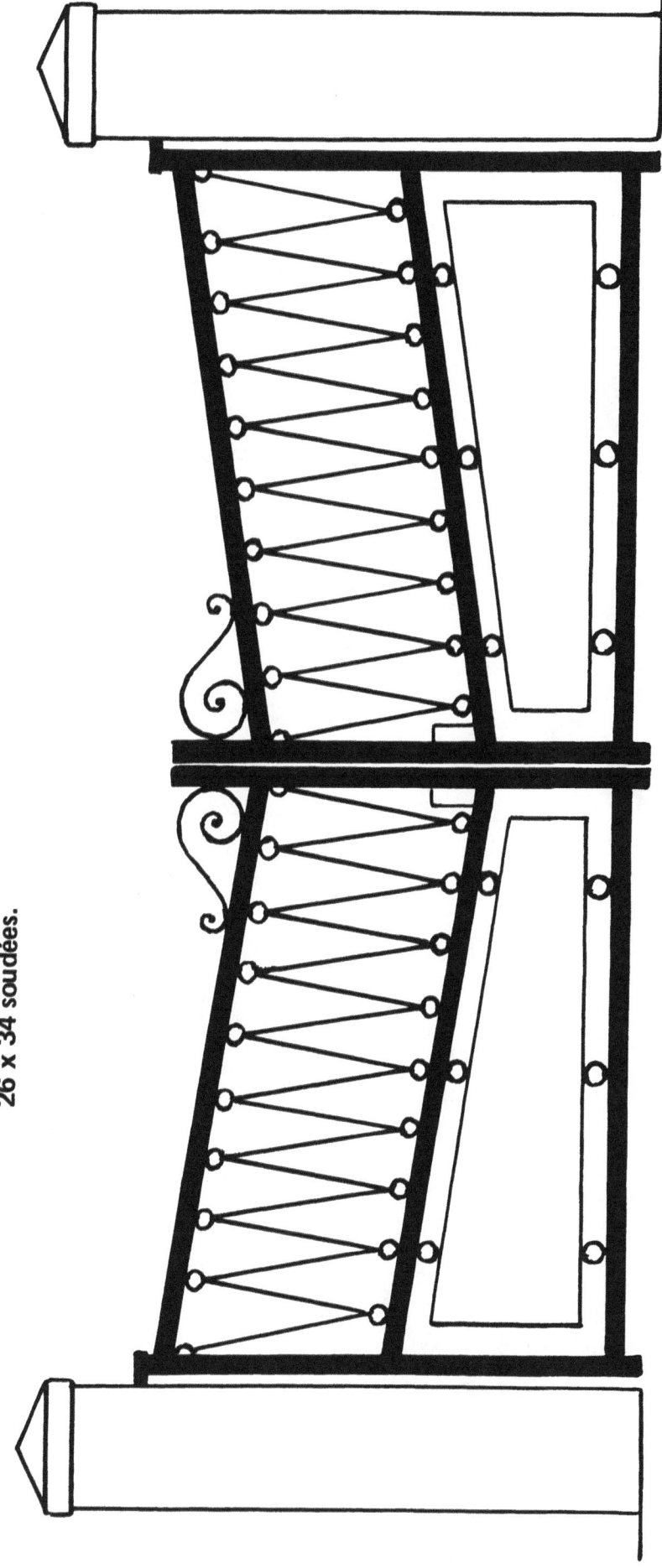

3578

PORTAIL ET GRILLE DE CLOTURE

Les armatures de portail et de grille sont en tube rectangulaire de 40 x 27 x 2 ou carré de 35 x 35 x 2.

Le remplissage décoratif est constitué par des volutes identiques en plat de 16 x 10 dont une extrémité est à noyau forgé, l'autre forgée appointée.

Les soubassements du portail sont en tôle de 2 fixée sur armatures par cadre intérieur en cornière de 20 x 20.

A l'extérieur, un cadre en plat de 30 x 6 vissé agrémente cette tôle et en augmente la rigidité.

PORTAIL A 2 VANTAUX

Entre piles maçonnées, ce portail est prévu avec une armature en tube carré de 40 x 40 x 2.

Le barreaudage préalablement préparé avant réalisation de l'armature sera constitué par des fers plats de 25 x 8 jumelés par interposition de boules de 25 et goujonnés aux extrémités pour fixation par trous libres dans l'armature.

Le soubassement en tôle de 2 sans cadre sera fixé sur l'armature par interposition de petits cercles soudés.

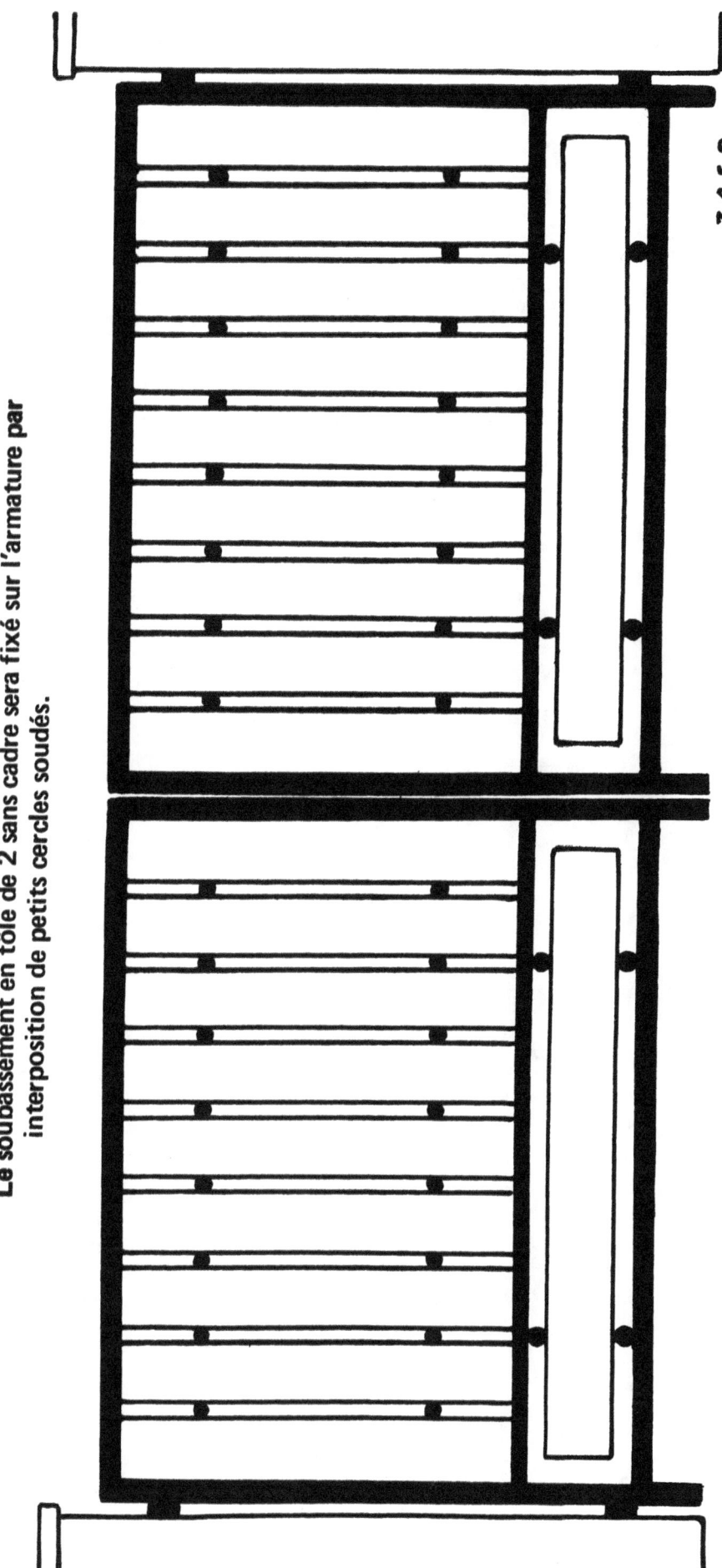

PORTAIL A 2 VANTAUX
Entre piles maçonnées

Armatures en tube carré de 35, articulées partie inférieure sur crapaudine, partie supérieure par collier sur tube rond intérieur au montant.

Traverse intermédiaire inférieure en tube carré de 35, intermédiaire supérieure en plat 35 x 8.

Traverse supérieure en tube 35 x 20.

Barreaudage en carré plein de 14, extrémité forgée appointée.

Croisillons d'interlisses en 16 x 6.

Soubassements tôle 20/10 sur cadres intérieurs en cornières 25 x 25 fixés sur armatures par vis et entretoises en tube de 35 x 20 immobilisées par points de soudure.

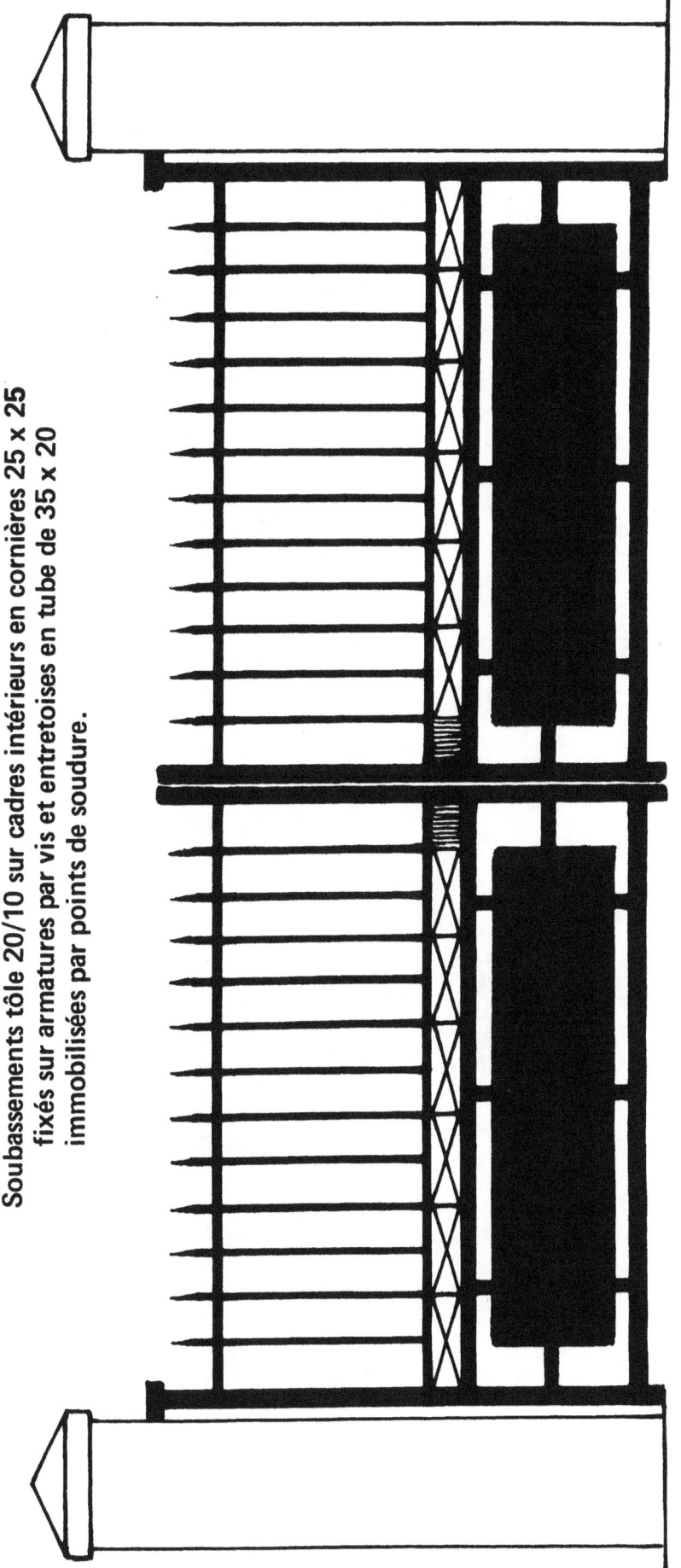

3579

PORTAIL A 2 VANTAUX
Entre piles maçonnées

Armatures en tube carré de 35, articulées sur gonds.

Traverses en 20 x 10 goujonnées aux extrémités et montées dans perçages avant soudure des cadres.

Ovales et volutes en plat de 16 x 8 assemblées par soudures ou vissées sur traverses avec perçage de celles-ci avant montage.

4066

PORTAIL A 2 VANTAUX

Armatures en tube carré 40 x 40 x 2.

Cadres intérieurs en carré de 16 fixés sur armatures avec interposition de petits rectangles en plat de 30 x 10 soudés sur cadres intérieurs et côté armatures, percés et taraudés pour fixation par vis fraisées.

Le croisillonnement est en plats de 16 x 6 ajustés par moitié avec petits plats verticaux en 16 x 4 rapportés par soudures recouvertes de colliers en 16 x 3.

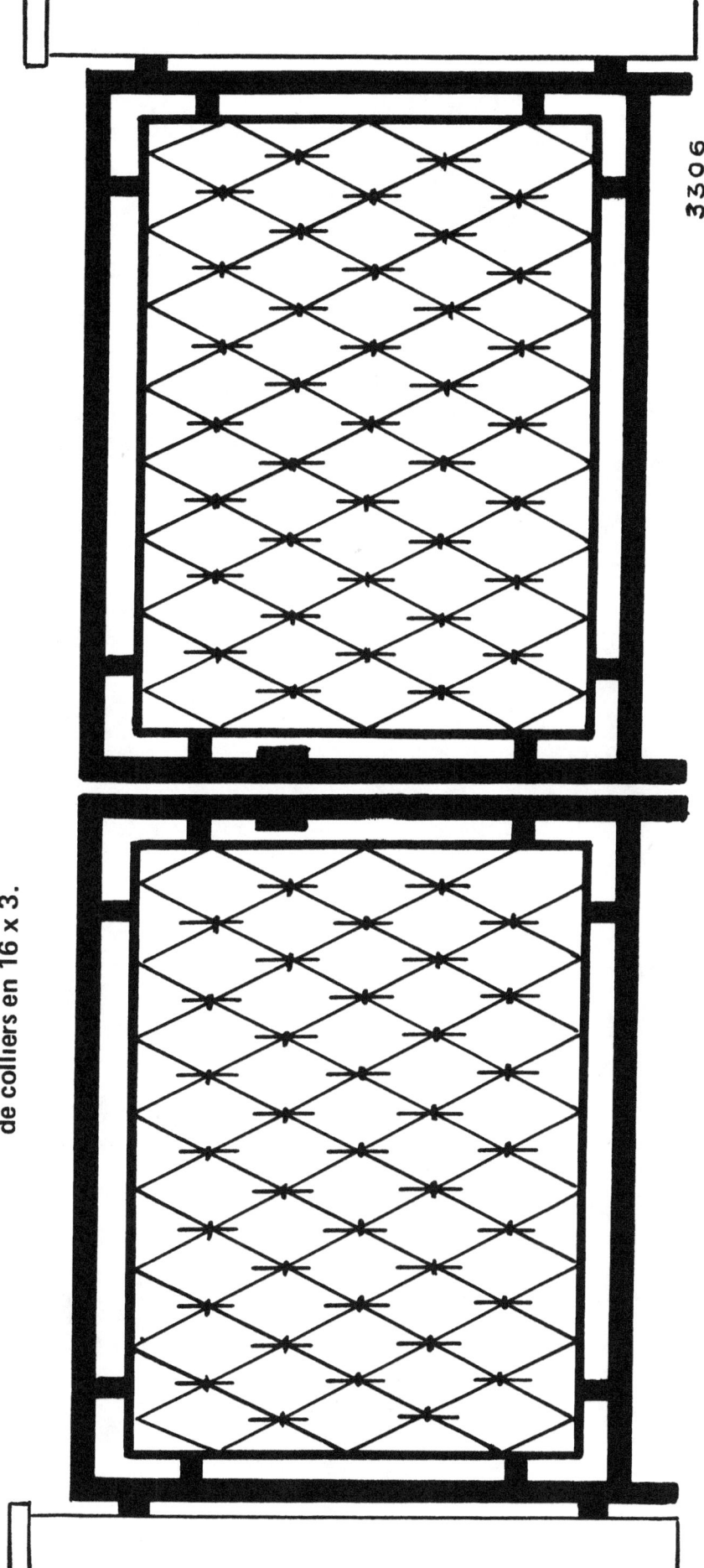

PORTAIL A 2 VANTAUX
Entre piles décoratives en ferronnerie

Armatures du portail et des piles en tube carré de 40.

Articulations sur grosses paumelles.

Les soubassements sont en tôles 20/10 montées sur cadres intérieurs en cornières de 25 vissées.

Le barreaudage est constitué par du carré plein de 14 dans sa partie rectiligne, terminé à ses extrémités par des volutes forgées appointées dans du plat de 14 x 6 et soudées.

Les ovales sont également en 14 x 6.

Les volutes surmontant les piles sont forgées en 20 x 6, celles qui surmontent le portail sont en 25 x 8.

Les piles sont obligatoirement renforcées intérieurement par des arcs boutants fixés sur les montants supportant les paumelles.

PORTAIL A 2 VANTAUX INÉGAUX

Armatures en tube carré de 40 articulées sur gonds.

Soubassements en tôles de 20/10 fixées sur armatures par cadres intérieurs en cornière de 25.

Le remplissage décoratif de la partie supérieure est réalisé en plat de 20 x 8 avec anneaux roulés en 20 x 4.

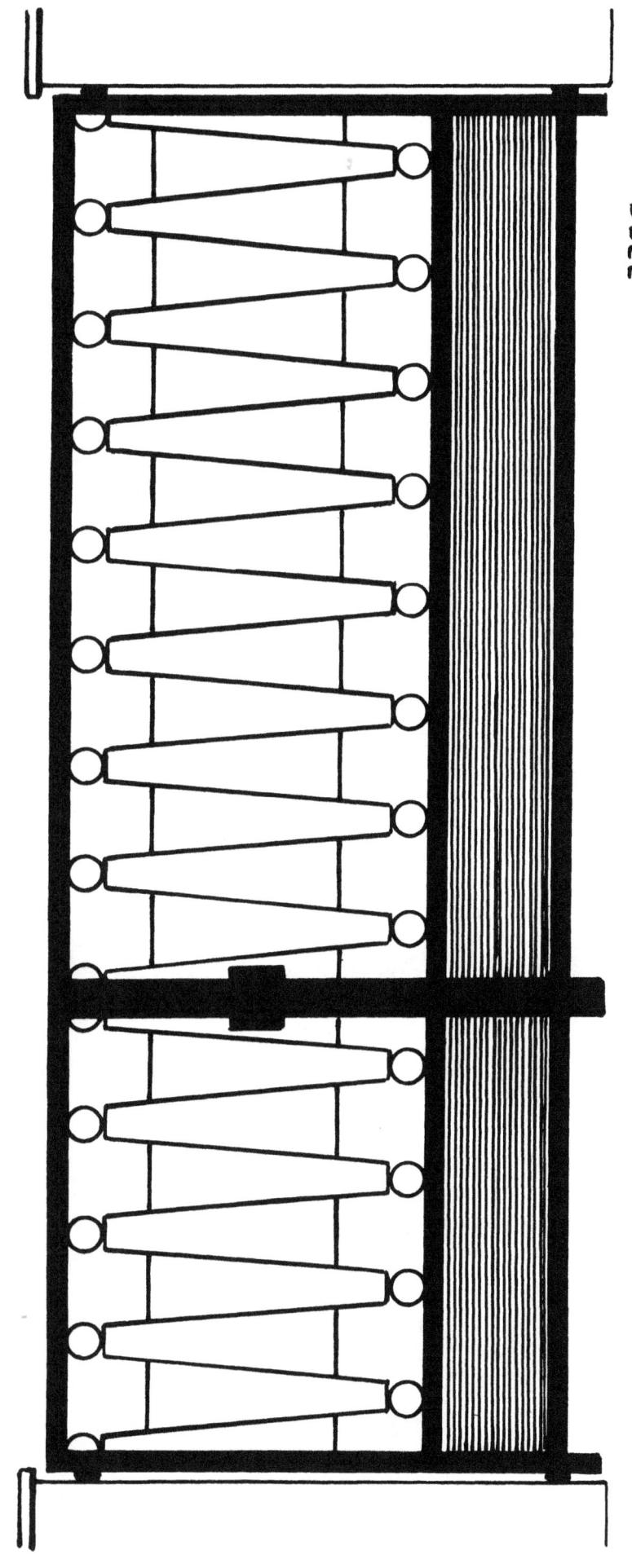

PORTAIL A 2 VANTAUX
Entre piles maçonnées

Armatures en tube serrurier rond de 45.
Soubassements en tôle 20/10 fixés sur armatures par interposition d'anneaux roulés en fil recuit n° 22 ou 23 sur mandrin de 30.
Cadres supérieurs en carré de 16 identiquement fixés.
Remplissage en plat de 16 x 8.

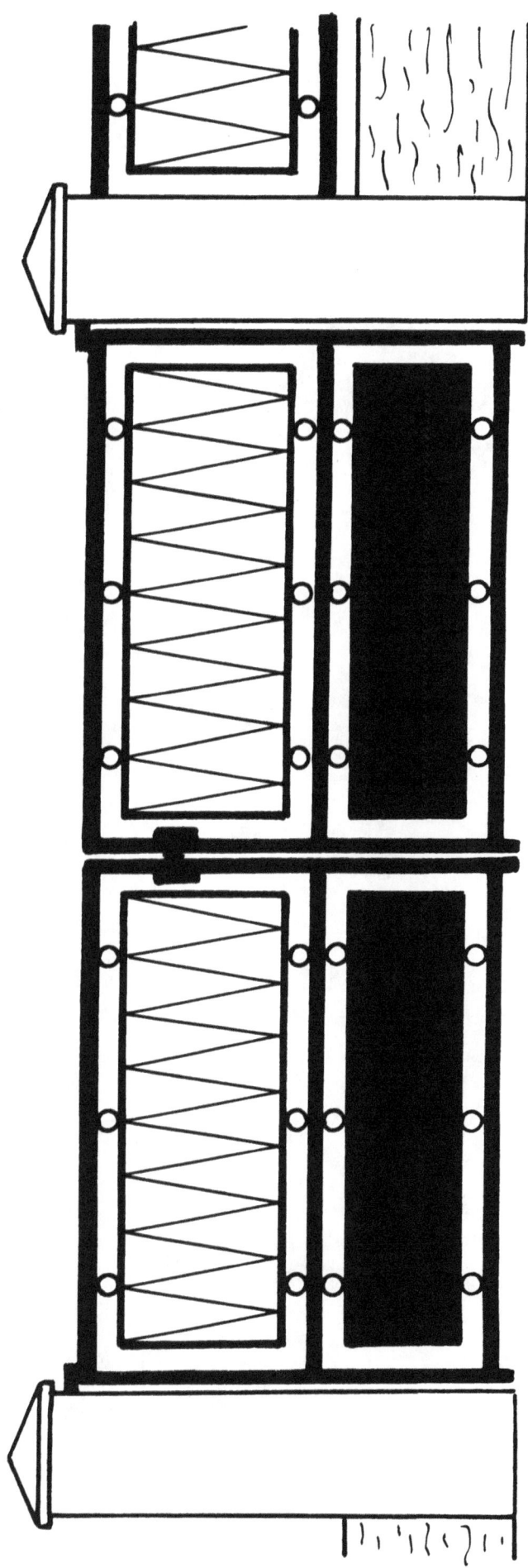

4123

PORTAIL A 2 VANTAUX
Entre piles maçonnées

Armatures en tube serrurier rond de 45.

Soubassements en tôle 20/10 fixés sur armatures par interposition d'anneaux tronçonnés à 20 en tube de 33 x 42 ou formés en plat de 20 x 4.

Cadres supérieurs en plat 20 x 10 également fixés sur armatures par anneaux.

Toutes les volutes sont identiques et formées en plat de 16 x 5 extrémités arrondies.

3787

PORTAIL A 2 VANTAUX
Entre piles maçonnées

Armatures en tube serrurier rond de 45.

Cadres intérieurs en plat de 16 x 10 fixés sur armatures par barrettes soudées en plat de 16 x 6.

Le remplissage est obtenu par de petites volutes en 16 x 3 jumelées et assemblées par soudures.

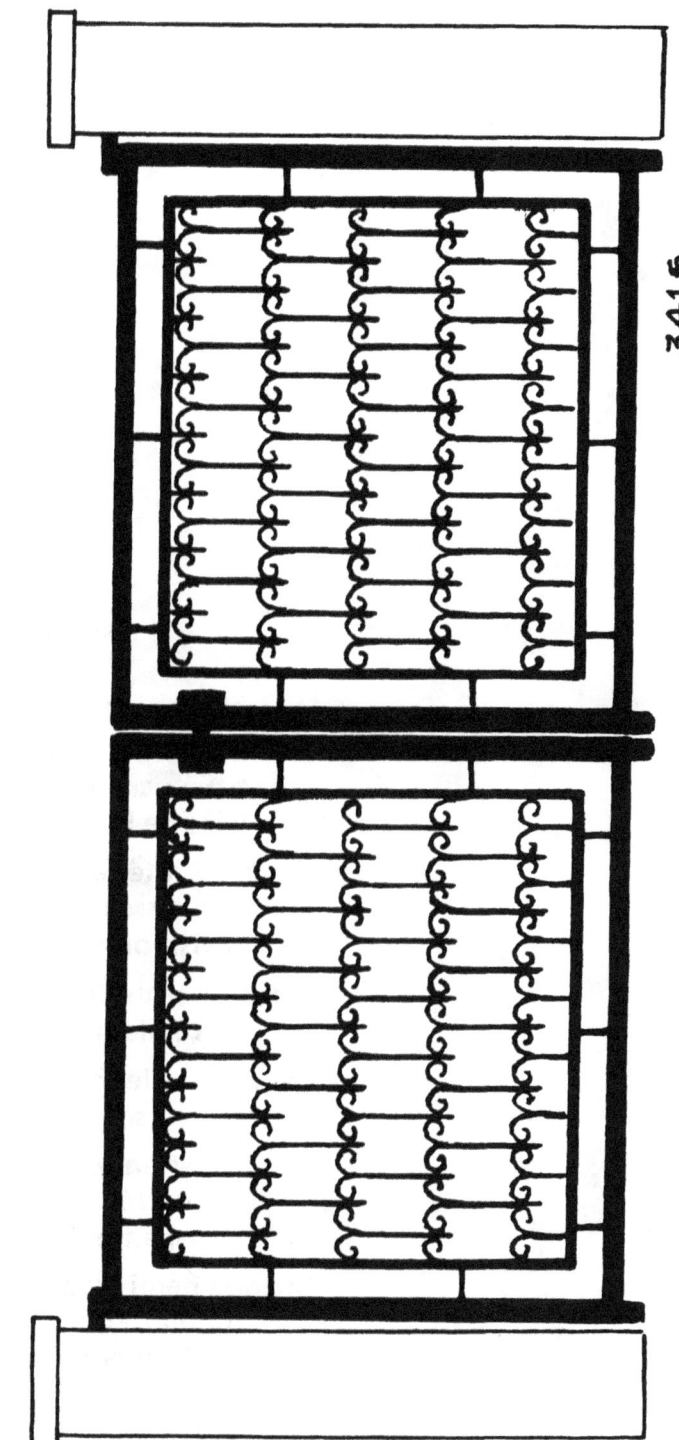

3416

GRAND PORTAIL

Monté entre piles maçonnées, ce portail à 2 vantaux de grande dimension, est constitué par une armature en tube rectangulaire de 50 x 30 x 2.

Un cadre intérieur à chacun des 2 panneaux sera vissé sur l'armature et contiendra le croisillonnement de remplissage.

Cadre et croisillonnement seront réalisés en carré plein de 16.

Les diagonales en 16 x 6 ajustées par moitié seront soudées dans les angles.

Les cercles en tôle de 2, qui peuvent être aussi des carrés (ou des losanges) ne sont pas indispensables.

Chaque demi fronton en volutes forgées dans du plat 25 x 12 ou carré de 16, sera fixé sur l'armature par vis fraisées de 6.

PORTAIL ET GRILLE DE CLOTURE

Armatures et traverses de portail et de grille en tube carré de 40 x 27 x 2.

Remplissage décoratif en plats de 16 x 8 assemblés par soudure et fixation sur armatures par vis fraisées de 5.

Soubassement tôle de 2 fixée par soudure sur armature avec interposition de bagues tronçonnées dans du tube rond de 26 x 34.

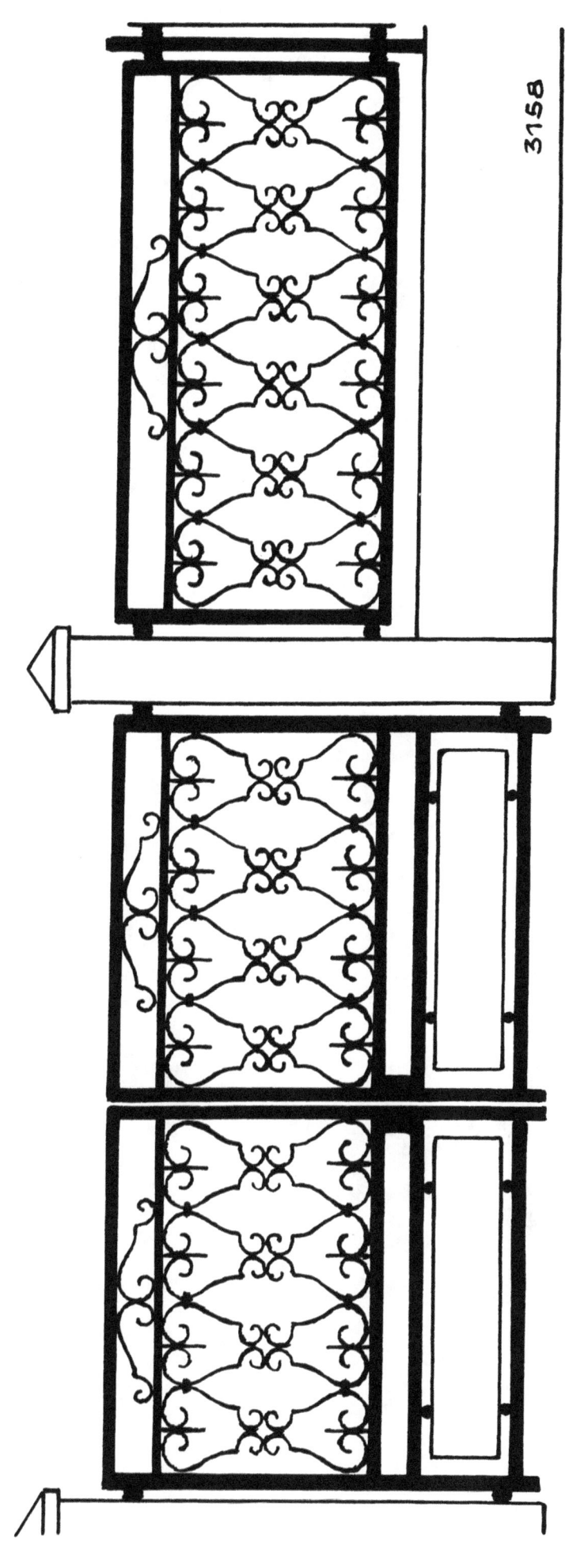

3158

PORTAIL A 2 VANTAUX
Entre piles maçonnées

Armatures en tube serrurier rond de 45.
Barreaudage vertical en carré plein de 14.
Cadres intérieurs en plat 20 x 10 fixés sur armatures par barrettes de 20 x 8 soudées.
Courbes décoratives en 20 x 6 ou 20 x 8.

3521

PORTAIL A 2 VANTAUX
Entre piles maçonnées

Armatures en tube carré de 35, articulées sur gonds.

Cadres intérieurs en plat de 20 x 10 fixés sur armatures par anneaux roulés en 20 x 4 ou tronçonnés dans du tube 40 x 49.

Barreaudage en 20 x 8.

Volutes à noyaux forgés en 16 x 8.

3363

GRILLES DE CLOTURES

Ces 2 modèles de grilles conviennent pour une fixation sur murettes de 50 à 60 cm.

Les potelets en tube rectangulaire de 40 x 27 x 2 peuvent avoir leur extrémité supérieure simplement foncée ou terminée par une pièce de fonte en forme de lys ou de fer de lance.

Les lisses supérieure et inférieure sont en tube rectangulaire de 35 x 20 x 2 dont les extrémités foncées et goujonnées sont fixées par trous libres dans les potelets.

Les lisses intermédiaires en plat de 25 x 8 sont fixées sur les potelets de même façon.

Les verticales sont de même dimension.

Les volutes sont forgées en plat de 20 x 6.

A

B

2840

www.ingramcontent.com/pod-product-compliance
Lightning Source LLC
Chambersburg PA
CBHW081040050426
42446CB00037BB/3225